D0338409

BOUGONNER

C'EST SI SIMPLE

C.P. 325, Succursale Rosemont
Montréal (Québec), Canada H1X 3B8
Téléphone: (514) 522-2244
Télécopieur: (514) 522-6301
Courrier électronique: pnadeau@edimag.com

Éditeur: Pierre Nadeau

Dépôt légal: premier trimestre 2004
Bibliothèque nationale du Québec
Bibliothèque nationale du Canada

© 2004, Édimag inc.
Tous droits réservés pour tous pays.
ISBN: 2-89542-128-5

L'éditeur bénéficie du soutien de la Société de développement des entreprises
culturelles du Québec pour son programme d'édition.

Nous reconnaissons l'aide financière du gouvernement du Canada par
l'entremise du Programme d'aide au développement de l'Industrie de l'édition
(PADIÉ) pour nos activités d'édition.

GERMAIN BOURGOUIN

BOUGONNER
C'EST SI SIMPLE

...ET SURTOUT SI FACILE

Réflexions
sur un mode de vie

EDIMAG
L'éditeur populaire

DISTRIBUTEURS EXCLUSIFS

POUR LE CANADA ET LES ÉTATS-UNIS
LES MESSAGERIES ADP
955, rue Amherst
Montréal (Québec) CANADA   H2L 3K4

Téléphone: (514) 523-1182
Télécopieur: (514) 939-0406

POUR LA SUISSE
TRANSAT DIFFUSION
Case postale 3625
1 211 Genève 3   SUISSE

Téléphone: (41-22) 342-77-40
Télécopieur: (41-22) 343-46-46
Courriel: transat-diff@slatkine.com

POUR LA FRANCE ET LA BELGIQUE
DISTRIBUTION DU NOUVEAU MONDE (DNM)
30, rue Gay-Lussac
75005 Paris   FRANCE

Téléphone: (1) 43 54 49 02
Télécopieur: (1) 43 54 39 15
Courriel: liquebec@noos.fr

Quelques définitions
pour bien situer
notre personnage...

Bougonner:
Murmurer, gronder entre ses
dents; ronchonner.

Le Petit Larousse,
édition 2002.

BOUGONNER, c'est si simple

Bougonner:
Murmurer entre ses dents
en grondant des choses
désagréables.

Dictionnaire Hachette,
édition 1988.

BOUGONNER, c'est si simple

Bougonner:
Exprimer pour soi, souvent entre les dents, son mécontentement.

Le Petit Robert,
édition 1981.

BOUGONNER, c'est si simple

Bougonner:
Murmurer entre ses dents.

*Multidictionnaire
de la langue française,*
Éditions Québec Amérique,
1992.

BOUGONNER, c'est si simple

Bougon:
Qui se dit en parlant d'un état passager de mauvaise humeur.

Larousse des synonymes,
édition 1998.

BOUGONNER, c'est si simple

Bougon:
Prestataire de l'aide sociale
qui n'a pas besoin de
consultant pour faire
preuve de vision [...]
Synonymes: affreux, sale
et habile.

*Dictionnaire québécois
instantané*,
Éditions Fides, 2004.

BOUGONNER, c'est si simple

Bougonneux
un jour,

bougonneux
toujours!

BOUGONNER, c'est si simple

Les bougonneux

ont un langage universel.

UN BOUGONNEUX EN RECONNAÎT FACILEMENT UN AUTRE.

BOUGONNER, c'est si simple

Grincheux,
grogneux,
boudeux,

il possède
toutes
les qualités...

BOUGONNER, c'est si simple

BOUGONNEUX

et fier de l'être.

Un bougonneux
et un obstineux,

quelle
belle paire!

Bougon,

mais pas con!

IL Y A
BOUGON

ET IL Y A
SUPER
BOUGON.

BOUGONNER, c'est si simple

POURQUOI CHIALER?

PARCE QUE C'EST TOUT CE QU'IL SAIT FAIRE.

BOUGONNER, c'est si simple

Un
BOUGONNEUX
a pour cible
idéale
l'autorité.

Être bougonneux,

est-ce contagieux?

INSATIABLE
bougonneux

•

INFATIGABLE

•

BOUGONNER, c'est si simple

Dire à un bougonneux qu'il a raison,

c'est suicidaire!

BOUGONNER, c'est si simple

On ne devient pas bougonneux.

ON NAÎT BOUGONNEUX.

UN BOUGONNEUX SENT FACILEMENT L'OCCASION DE S'IMPOSER.

BOUGONNER, c'est si simple

CE QUI FAIT LA FORCE
DU BOUGONNEUX,

c'est sa couche
de téflon.

Ce n'est pas que LES GENS ORDINAIRES, les bougonneux.

**Critique et
attitude obligent,**

**leur CERVEAU
fonctionne
sans arrêt.**

EN RÈGLE GÉNÉRALE,

leur imagination est très fertile.

Les paroles s'envolent,

les bougonneux restent.

Pour eux,

IL N'Y A RIEN D'HUMILIANT

à être traités
de ce nom-là.

Critiquer n'est pas une seconde nature,

c'est l'essence même de la vie.

Un bougonneux
dit souvent
tout bas
tout ce qui ne
doit pas être dit...

*tout haut
et tout bas.*

Le but d'un bougonneux

N'EST PAS DE LE DEVENIR, MAIS DE LE RESTER.

BOUGONNER, c'est si simple

Craint un bougonneux s'il sourit.

UN
BOUGONNEUX

S'ASSUME
BIEN.

Parfois utiles,
souvent
très inutiles,

les bougonneux,
malheureusement,

**portent
à réfléchir.**

BOUGONNER, c'est si simple

Centrés sur eux et,
évidemment,

**très concentrés
sur leur prochaine
réplique.**

CAUSE TOUJOURS, MON BOUGON

•

SEUL ENTRE QUATRE MURS,

le murmure devient dur.

UN
BOUGONNEUX
PROPOSE
ET DISPOSE
EN MÊME
TEMPS.

BOUGONNER, c'est si simple

C'EST QUOI
TON SIGNE?

BOUGON?

PROVERBE BOUGONNOIS:

« Qui chiale râle. »

RECETTE BOUGONNOISE
D'UN BŒUF BOUGONNEUX:

consommé bougon,
bœuf grincheux,
légumes critiqueux;

laisser marmotter le tout
et rouspéter avant de servir.

BOUGONNER, c'est si simple

44

CE QU'UN
BOUGONNEUX VEUT,

il le peut.

BOUGONNEUX
QUI SOUPIRE
**NE SAIT QUE
DIRE.**

BOUGONNER, c'est si simple

SES EXPRESSIONS NON VERBALES SONT TRÈS PORTEUSES.

Un bougonneux tourne
rarement sept fois
sa langue
avant de...

ruminer.

Le bougonneux tire

ET POSE
LES QUESTIONS
APRÈS.

Tout pour être
mieux entendu,

**même s'il faut absolument
desserrer les dents
un petit peu.**

BOUGONNE BIEN

QUI BOUGONNERA LE DERNIER.

BOUGONNER, c'est si simple

SECTE
DES BOUGONNEUX.

CLAN DE BOUGONS.

A beau mentir
qui bougonne
de loin!

PROVOQUER:

un jeu à quoi il aime jouer.

SON OBJECTIF:

EXASPÉRER
LES AUTRES.

Comment répondre à un bougonneux?

PAR UN BOUGONNEMENT!

BOUGONNER, c'est si simple

Un bougonneux
réfléchit beaucoup;

SOUVENT
EN
MARMONNANT.

BOUGONNER, c'est si simple

AGRESSIF?
PARFOIS.

**Mais surtout
très démonstratif.**

IL PARTAGE
PARFOIS
SES HUMEURS,

MAIS IL EST
PLUS SOUVENT
QU'AUTREMENT
SOLITAIRE.

BOUGONNER, c'est si simple

Un bougonneux
accommode
sa vie
DE FAÇON
ORALE.

BOUGONNER, c'est si simple

Pas question
d'éviter les sujets
glissants.

IL ADORE ÇA.

Être bougonneux, tout un rôle

POUR LA VIE!

La constance
d'un bougonneux,

C'EST D'ÊTRE
CONSTANT.

En bougonnant, un bougonneux se rassure

et finit par se convaincre.

BAFOUILLER?
JAMAIS!

MIEUX VAUT PRESQUE
SE TAIRE.

Parler par énigmes:

UN
SPORT
QU'IL
AFFECTIONNE.

Le bougonneux exagère,

la bougonneuse exaspère.

UN
BOUGONNEUX,
C'EST DU SPORT.

DEUX,
C'EST DANGEREUX.

L'AVANTAGE
QU'A UN
BOUGONNEUX,

C'EST QU'IL N'EST
JAMAIS OBLIGÉ
D'ÊTRE GENTIL.

BOUGONNER, c'est si simple

L'être ou
ne pas l'être?

À ses yeux, la question
ne se pose même pas.

Parfois mais pas souvent peut-on dire:

«Bougon grognon, bougon mignon.»

**UN
BOUGONNEUX
QUI AIME
EST
UN
BOUGONNEUX**
QUI SÈME.

BOUGONNER, c'est si simple

Que dire,
que faire
pour lui plaire?

Se taire!

ÉCOUTER

demande beaucoup
de concentration
et énormément
de compassion.

IL N'AIME PAS FUIR.

Se justifier est
beaucoup plus
valorisant et
excitant.

Sa mauvaise humeur

**PEUT DURER
LE TEMPS
D'UN BOUGONNEMENT.**

BOUGONNER, c'est si simple

Le bougonneux
croit
fermement
que tout est
arrangé
LORSQUE ÇA VA
TRÈS BIEN.

BOUGONNER, c'est si simple

Il déteste au plus haut point
se faire dicter
un chemin à suivre.

C'EST LOIN D'ÊTRE CERTAIN

QU'IL ATTEND UNE RÉPONSE

À SES BOUGONNEMENTS.

Un bougonneux
**VEUT
OUBLIER
VITE**
tout combat oratoire
perdu.

En général,
les bougonneuses

ONT UNE
TRÈS GRANDE FACILITÉ
DE LANGAGE
ET ELLES EN METTENT
TOUJOURS UN PEU PLUS.

Pour un bougonneux, advienne qui pourra!

Il n'a pas peur
des répliques.

Au contraire,
ça ajoute du piquant.

Intimidé?

Rarement!

*Ce n'est pas
dans sa nature.*

BOUGONNER, c'est si simple

INSENSIBLE?

En apparence seulement.

Les bougonneux
en politique
causent des
polémiques
sarcastiques.

BOUGONNER, c'est si simple

UN BOUGONNEUX
AVEC UN SÉRIEUX
MAL DE GORGE
EST EN DÉTRESSE.

BOUGONNER, c'est si simple

À n'en pas douter,

C'EST
DU
SPORT,

être bougonneux.

BOUGONNER, c'est si simple

C'est important
d'être enrageant,

contrariant
et dérangeant.

On ne sait trop pourquoi,
mais on dirait
qu'il veut tout le temps

TOUT ET
TOUT DE SUITE.

Malheureusement,
c'est une maladie
qui s'attrape jeune
et qui peut être
contagieuse.

Bougonneux, marmonneux, chialeux.

**Un pour tous
et tous pour un!**

UN BOUGONNEUX RIT DES AUTRES SUBTILEMENT.

Sourire?

Pourquoi?

Tout un art
que d'être
bougonneux.

N'est pas
bougonneux
qui veut!

BOUGONNER, c'est si simple

Bouder dans le boudoir
pour un bougonneux,
c'est bougrement
boudin.

BOUGONNER, c'est si simple

Oserait-on dire

qu'un Québécois bougonneux

est un Québécois
FIER?

ON NE SAIT TROP POURQUOI,

MAIS TOUT SEMBLE DÛ AU BOUGONNEUX.

BOUGONNER, c'est si simple

Le bougonneux se bat pour ses droits,

mais ses devoirs...

LE STRESS,
c'est pour les autres.

BOUGONNONS
EN PAIX!

BOUGONNER, c'est si simple

LE BOUGONNEUX
PERD FACILEMENT
LA MÉMOIRE

lorsque c'est à son avantage.

SA LOGIQUE EST IMPLACABLE.

On est direct,

ça sauve du temps.

Souvent,

qui bougonne

ORDONNE.

On distingue
deux genres
de bougonneux:

celui qui se
défend et celui
qui attaque.

Il est parfois
sur la défensive,
**MAIS IL PASSE
FACILEMENT
À L'ATTAQUE**
ET SANS AVERTISSEMENT
en plus.

BOUGONNER, c'est si simple

Ne vous en faites pas:

il prend
sa place,
et très bien
à part ça.

**PAS BESOIN
DE DISCOURS.**

**IL SE FAIT
TRÈS BIEN
COMPRENDRE
LA PLUPART
DU TEMPS.**

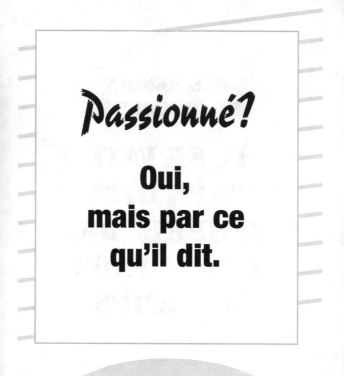

Passionné?

Oui, mais par ce qu'il dit.

BOUGONNER, c'est si simple

SES RÉPONSES SONT VAGUES ET ÉVASIVES,

ET C'EST VOULU AINSI.

*On use
de ruse
sans excuse.*

IL DONNE SOUVENT DES CONSEILS,

mais est-ce vraiment pour aider ou pour contrôler?

BOUGONNER, c'est si simple

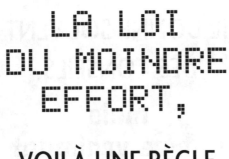

LA LOI DU MOINDRE EFFORT,

VOILÀ UNE RÈGLE EN LAQUELLE IL CROIT FERMEMENT.

BOUGONNER, c'est si simple

Rarement voit-on
un bougonneux

AYANT MAUVAISE
CONSCIENCE.

IL EST CHAMPION
à ruminer
ses états d'âme.

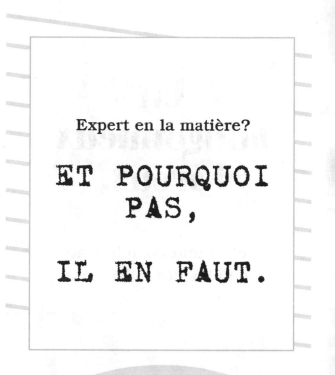

Expert en la matière?

ET POURQUOI PAS,

IL EN FAUT.

Un bougonneux baveux,

c'est tout ce qu'il y a
de plus désobligeant.

BOUGONNER, c'est si simple

Bougrement
bougonneux,

ça veut
tout dire!

ESSAYEZ DONC

de faire rire

un bougonneux.

Tout un tour de force...

Un
bougonneux
aime
détester!

Ce n'est pas
les sujets
qui manquent.

TOUT Y PASSE.

La réplique
est souvent

**CINGLANTE
ET INSTANTANÉE.**

LE DIALOGUE
EST SOUVENT
À SENS UNIQUE.

Un bougonneux a ses idoles et il a surtout ses têtes de Turc.

En groupe,
les bougonneux se sentent

UN PEU MOINS DANS LEUR ÉLÉMENT.

ÉCOUTER DEMANDE BEAUCOUP D'EFFORT

et c'est finalement pas
si utile que ça...

BOUGONNER, c'est si simple

Le plus beau réveil
d'un bougonneux,

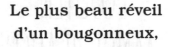

c'est d'être
grogneux
un peu.

Dites-moi,
c'est où
Bougonville?

C'EST LE PREMIER
DU MOIS.

Mangeons,
buvons, fumons
et...
bougonnons.

BOUGONNER, c'est si simple

LANGUE DANS LA POCHE?

VOUS REPASSEREZ!

**Au volant,
le bougonneux
a un vocabulaire**

Ça fait
un peu bougon,

mais c'est malheureusement
souvent le cas:

l'ironie des
bougonneux
est
irrésistible.

C'est quoi
la communication
entre un bougonneux
et une bougonneuse?

Un silence?

Le King
des bougonneux?

ELVIS
BOUGON!

BOUGONNER, c'est si simple

Moron un jour,

MURMORONS TOUJOURS!

UN BOUGON AVERTI EN VAUT AU MOINS DEUX.

BOUGONNER, c'est si simple

ESSAYER
DE FAIRE TAIRE
UN BOUGONNEUX,

**c'est comme
essayer
de faire taire**
UNE BELLE-MÈRE!

BOUGONNER, c'est si simple

NOSTALGIQUE,
UN BOUGONNEUX?

JAMAIS!

Je suis allé bougonner dans mon coin.

BOUGONNER, c'est si simple

138

LÂCHÉ LOUSSE,

un bougonneux ne se peut plus!

UN
BOUGONNEUX,

C'EST TRÈS
CYNIQUE.

Vif d'esprit, c'est aussi ça,

un bougonneux.

Tolérance zéro envers les autres

POUR LES BOUGONNEUX.

DES RELATIONS POUR LES POUR LES BOUGONNEUX?

OUI, MAIS PAS TROP!

BOUGONNER, c'est si simple

Un bougonneux

**SE SOUVIENT
TOUT LE TEMPS**

de ses bonnes
répliques.

IL CHANGE,

mais pas nécessairement
**POUR FAIRE PLAISIR
À L'AUTRE.**

BOUGONNER, c'est si simple

LA MODESTIE?
CONNAIS PAS!

L'avis des autres
n'est requis

QU'EN DERNIÈRE
INSTANCE.

BIZARREMENT,

IL A SOUVENT DE TRÈS
BONNES SOURCES
ET IL S'EN SERT
À PROFUSION.

Il bougonne
souvent

**pour obtenir
quelque
chose.**

BOUGONNER, c'est si simple

**Le bougonneux
fait confiance,
mais
timidement.**

Un bougonneux
n'aime pas qu'on le regarde,

*il veut qu'on
l'écoute
et rien d'autre.*

BOUGONNER, c'est si simple

LA PAROLE EST D'OR

pour un bougonneux.

IL CROIT FERMEMENT

EN TOUT CE QU'IL DIT.

BOUGONNER, c'est si simple

Nul doute là-dessus,

IL S'AFFIRME FACE À L'AUTRE.

Ce n'est pas
QU'IL N'AIME PAS
S'ACCORDER,

**MAIS CE N'EST PAS
SA TASSE
DE THÉ.**

BOUGONNER, c'est si simple

155

IL JUGE
SOUVENT,
MAIS N'EST PAS
TROP SÉVÈRE
MALGRÉ TOUT.

SOUVENT,
LA MEILLEURE
RÉPONSE
À FAIRE À UN
BOUGONNEMENT,

C'EST LE SILENCE.

BOUGONNER, c'est si simple

*L'AFFECTION
EST DÉMONTRÉE*
*avec un sourire
en coin
et des paroles
plus douces.*

C'est loin d'être sage, un bougonneux,

MAIS C'EST LOIN AUSSI D'ÊTRE HYPERACTIF.

*Les bougonneux
ont besoin
de présence,*

**MAIS NE
DEMANDENT PAS
NÉCESSAIREMENT
À DIALOGUER.**

BOUGONNER, c'est si simple

**Où?
Quand?
Comment?
Pourquoi?
Avec qui?**

Tout l'intéresse
et tout est sujet
à commentaire.

IL A UNE SAINTE SAINTE HORREUR DU SILENCE.

Ce n'est pas
son ego
qui est trop grand,

C'EST SON CORPS
QUI EST TROP PETIT!

BOUGONNER, c'est si simple

Un emmerdeur de première classe,

c'est ça qu'il est aux yeux de plusieurs.

Méfiez-vous
quand il se tait.

La tempête
est peut-être
toute proche.

Faire
son
autopromotion,

quelle joie!

Un indésirable
à tout point de vue
dans toute activité,

**c'est aussi ça,
un bougonneux.**

Il n'y a pas de doute:

IL PRÉFÈRE AVOIR RAISON À TOUT AUTRE CHOSE.

*Un bougonneux
se lève souvent
du pied gauche.*

FINE GUEULE?

OUI, TOUTE UNE GUEULE!

Un point commun:

il présume souvent de tout et de rien.

BOUGONNER, c'est si simple

Un BOUGONNEUX
qui a la chance
DE PARLER SOUVENT

est un bougonneux
CON...BLÉ!

LA BÊTISE HUMAINE :

il y a bien là
de quoi bougonner.

BOUGONNER, c'est si simple

IL SE DIT SOUVENT
OUVERT À TOUTE PROPOSITION,

MAIS SON IDÉE EST BIEN CLAIRE DANS SA TÊTE.

La fin
justifie
les moyens!

Une méthode simple
pour se débarrasser
du bougonneux:

L'IMITER.

Pourquoi être utile quand on peut être futile?

Souvent,
son discours
n'a ni queue ni tête,

mais est-ce vraiment important?

DU SANG-FROID À REVENDRE,

ET PLUS ENCORE.

Les bougonneux
ravalent rarement
leurs paroles.

De toute façon,
ils en disent
tellement qu'ils
s'étoufferaient.

MANIPULATEUR?

À PEINE!

**Ne le dites
surtout pas trop fort.**

Un bougonneux muselé

EST UN BOUGONNEUX SOUMIS.

Consensus
égale-t-il

FIN DES
BOUGONNEMENTS?

Un bougonneux,

C'EST TOUT

sauf optimiste,
constructif
et proactif.

BOUGONNER, c'est si simple

Qu'est-ce
qui fait vraiment plaisir
à un bougonneux?

**Un bougon party
ou un discours
à sens unique?**

Monsieur Baboune,

c'est aussi ça,
un
BOUGONNEUX.

Râleur
et beau
parleur
à la fois.

QUEL BEAU MÉLANGE!

Voulez-vous

BOUGONNER

AVEC MOI

ce soir?

BOUGONNER, c'est si simple

Toutes ces réflexions sont, bien sûr,

le fruit d'un longue
réflexion de sa part.

FINALEMENT,

on pourrait évidemment

réécrire ce livre

AU FÉMININ

et il serait

TOUT AUSSI VALABLE

et pertinent!

Demandez notre catalogue

ET, EN PLUS, recevez un

Livre cadeau

*et de la documentation
sur nos nouveautés**

BOUGONNER, c'est si simple (#466)

Votre nom: ....

Adresse: ....

....

Ville: ....

Province/État ....

Pays: ....

Code postal: .... Âge: .... (#466)

BOUGONNER, c'est si simple (#466)

Livre cadeau

BOUGONNER, c'est si simple (#466)

BOUGONNER, c'est si simple (#466)